QUESTIONS PRATIQUES

DE

NATURALISATION

PAR

Daniel de FOLLEVILLE

AVOCAT A LA COUR D'APPEL

ET PROFESSEUR DE CODE CIVIL A LA FACULTÉ DE DROIT DE DOUAI

> Documents divers et lois de différents pays en matière de naturalisation. — Conséquences de la naturalisation, soit quant au service militaire, soit quant à l'état des personnes. — Effets de la naturalisation au point de vue de l'application des règles du mariage putatif : situation juridique, à ce propos, de la jeune princesse Nadèje Bibesco.

(EXTRAIT DE LA *Revue pratique de Droit français*.
ANNÉE 1876, t. XLII, PAG. 414 A 450.)

PARIS

A. MARESCQ AINÉ, LIBRAIRE-ÉDITEUR

20, RUE SOUFFLOT, 20

Au coin de la rue Victor-Cousin

—

1876

QUESTIONS PRATIQUES

DE

NATURALISATION

AUTRES OUVRAGES DU MÊME AUTEUR

Des caractères distinctifs des associations commerciales en participation (1865). Durand. Une brochure in-8°. — *Épuisée.*

Considérations générales sur l'acquisition ou la libération par l'effet du temps (1869). Thorin. 1 vol. gr. in-8°................ 3 »

De l'interdiction considérée comme cause de séparation de biens judiciaire (1870). Cotillon. Une brochure in-8°......... 1 50

Étude sur le paiement avec subrogation; ses caractères distinctifs (1871). Thorin. Une brochure in-8°...................... 1 »

Programme sommaire du cours de Code civil (*Deuxième examen*), *avec une Étude sur le partage d'ascendants* (1871). Thorin. 1 vol. in-8°. 8 »

Étude sur la jonction des possessions (*art.* 2235 *du Code civil*) (1871). Marescq aîné. Une brochure in-8°...................... 2 50

De la revendication des titres au porteur en matière de faillite (1871). Marescq aîné. Une brochure in-8°...................... 1 »

De la publicité des contrats pécuniaires de mariage, d'après la loi du 10 juillet 1850. Marescq aîné (1872). Une brochure in-8°...... 2 »

La loi du 12 août 1870 et le cours forcé des billets de la Banque de France. Marescq aîné (1872). Une brochure in-8°....... » 50

Sommaire du cours de Code civil (*Premier examen*). Marescq aîné. Une brochure in-8°. — Seconde édition (1876)...................... 2 50

Notion du droit et de l'obligation (quatre premières leçons d'un cours triennal de Code civil) (1873). Thorin. Une brochure in-8°........ 2 50

De la légitimation des enfants incestueux (simple note extraite du *Recueil spécial de Jurisprudence de la Cour de Douai,* t. XXXI, p. 109) (1873). Thorin. Une brochure in-8°...................... » 50

De la délégation des fonctions de l'instruction aux juges suppléants (1873). Thorin. Une brochure in-8°...................... » 50

Comparaison des articles 434, 443 et 479, § 1er du Code pénal (Compte rendu d'une réforme proposée par M. de Caudaveine, président de chambre à la Cour d'appel de Douai) (1874). Marescq aîné. Une brochure in-8°...................... » 50

Essai sur la vente de la chose d'autrui (1874). Marescq aîné. 1 vol. in-8°...................... 3 50

De la possession précaire (1874). Marescq aîné. Une br. in-8°... 1 50

Traité de la possession des meubles et des titres au porteur. Marescq aîné. 1 fort vol. in-8°. — Seconde édition (1875) .... 12 »

Des clauses de remploi et de la société d'acquêts sous le régime dotal (Étude suivie du programme de six cours sur la communauté réduite aux acquêts) (1875). Marescq aîné. Une brochure in-8°............ 2 50

Du paiement du prix par l'acheteur en matière de vente (1875). Marescq aîné. Une brochure in-8°...................... 1 50

Introduction historique à l'étude du Code civil (1876). Marescq aîné. Une brochure in-8°...................... 1 50

De la promulgation et de l'application des lois et des décrets (art. 1 du Code civil combiné avec les récentes lois constitutionnelles) (1876). Marescq aîné. Une brochure in-8°...................... 1 50

De la naturalisation, en pays étranger, des femmes séparées de corps en France et de l'incompétence des tribunaux en cette matière (1876). Marescq aîné, in-8°...................... 2 »

2052-77 — Corbeil. Typ. et Stér. de Crété Fils.

QUESTIONS PRATIQUES

DE

NATURALISATION

PAR

Daniel de FOLLEVILLE

AVOCAT A LA COUR D'APPEL

ET PROFESSEUR DE CODE CIVIL A LA FACULTÉ DE DROIT DE DOUAI

Documents divers et lois de différents pays en matière de naturalisation. — Conséquences de la naturalisation, soit quant au service militaire, soit quant à l'état des personnes. — Effets de la naturalisation au point de vue de l'application des règles du mariage putatif : situation juridique, à ce propos, de la jeune princesse Nadèje Bibesco.

PARIS

A. MARESCQ AINÉ, LIBRAIRE-ÉDITEUR

20, RUE SOUFFLOT, 20

Au coin de la rue Victor-Cousin

—

1877

QUESTIONS PRATIQUES

DE

NATURALISATION

Nous allons d'abord rapporter différents documents peu connus sur l'organisation du statut personnel des étrangers. Puis nous examinerons la position faite, au point de vue des principes du droit, à la jeune princesse Nadèje Bibesco, en combinant les règles du mariage putatif avec les principes de la naturalisation. Ce travail constituera ainsi la suite toute naturelle des consultations que nous avons déjà été amené à donner sur le grave et célèbre procès Bauffre-mont.

CHAPITRE PREMIER

Documents divers et usages des différents pays, en matière de naturalisation.

1. — Les difficultés que soulève la naturalisation des Français à l'étranger, soit au point de vue de ses conséquences *quant à l'état des personnes*, soit au point de vue de ses conséquences *quant au service militaire*, ont plus vivement que jamais préoccupé l'opinion publique dans ces derniers temps : comparez notamment le savant article de M. Bluntschli, *Revue pratique*, t. XLI, p. 305 à 334 ; ajoutez notre Étude sur la naturalisation, en pays étranger, des femmes séparées de corps en France, et sur l'incompétence des tribunaux en

cette matière. Ces travaux renvoient aux autres publications sur le sujet.

2. — Le gouvernement anglais a distribué, en 1869, aux membres du Parlement, un remarquable rapport sur l'état de la législation et de la jurisprudence, en cette matière, dans les différents pays. Ce travail, de 160 pages environ, est intitulé : « *Report of the royal commissioners for inquiring into the laws of naturalization and allegiance : together with an appendix containing an account of British and Foreign Laws and of the Diplomatic correspondence wich has passed on the subject, reports from Foreign states, and other papers : presented to both Houses of parliament by command of Her Majesty.* » Ce recueil nous a été communiqué à l'occasion de notre étude précitée sur la naturalisation à l'étranger des femmes séparées de corps en France. Nous avons pensé qu'il ne serait point inutile de faire connaître les documents principaux se rapportant surtout à la législation française. Ces documents servent, en effet, de guides aux relations diplomatiques à l'étranger : ils sont, croyons-nous, à peu près ignorés du public.

3. — Nous trouvons d'abord, à la page 21 du recueil, sous la date du 26 janvier 1868, une consultation de M. Treitt, avocat à la Cour d'appel de Paris et Conseil de l'ambassade anglaise. M. Treitt donne les renseignements suivants à Son Excellence lord Lyons, ambassadeur de Sa Majesté Britannique à Paris : « Votre Excellence m'a demandé la copie d'un jugement rendu par le tribunal français de Wissembourg, en faveur de Michel Zeiter, né citoyen français. Le jugement est cité par Lawrence dans ses notes sur Wheaton (édition de 1863) comme ayant déchargé Michel Zeiter de toutes les obligations qu'un Français doit à sa patrie, entre autres de l'obligation du service militaire. Le motif de cette décision serait que Zeiter avait été naturalisé citoyen des États-Unis.

« Il est ajouté que ce jugement semble être une des rares décisions (si ce n'est la seule) où un tribunal ait reconnu que la naturalisation d'un individu dans un pays étranger suffisait pour effacer les droits souverains de la mère patrie et les obligations qu'il y a contractées par sa naissance.

« Par suite d'observations que j'eus l'honneur d'adresser à

Votre Excellence, elle m'a signalé une note que M. le comte Walewski, ministre des affaires étrangères en France, a adressée à M. Calhoun, ministre américain, à la date du 25 novembre 1859, note qui a été publiée en 1860 parmi les documents distribués au congrès des États-Unis.

« Dans cette note M. Walewski n'admet point qu'un citoyen français puisse, par le seul fait de sa naturalisation à l'étranger, s'exonérer des obligations que lui imposent les lois de sa patrie, et se soustraire, entre autres charges, au *service militaire*. Dans ce dernier cas, dit le ministre, ce Français réfractaire encourt les peines du Code militaire (art. 230) relatives à l'insoumission. De plus, M. le ministre Walewski vise le décret impérial du 26 août 1811, lequel applique des peines sévères aux Français qui se sont fait naturaliser étrangers sans l'autorisation du Gouvernement.

« Enfin Votre Excellence a bien voulu encore me signaler le cas d'un nommé Alibert, insoumis de la classe de 1839, lequel a été, le 10 octobre 1852, condamné à un mois de prison, pour insoumission, par le conseil de guerre de Marseille.

« Mais il a fait appel de cette sentence devant le conseil de révision de Toulon, et là, avec l'assistance du consul américain, il a excipé de sa naturalisation aux États-Unis, et il a été acquitté.

« En résumé, Votre Excellence m'a posé la question suivante :

« Quelle est la loi qui régit le Français qui s'est fait naturaliser étranger, après son retour en France ?

« La question est simple : mais la réponse sera nécessairement complexe.

« Voici d'abord la copie des jugements du tribunal de Wissembourg, en date du 2 juin 1860 et du 25 avril 1860 :

Extrait des minutes du greffe du tribunal civil de première instance de l'arrondissement de Wissembourg, département du Bas-Rhin.

Le tribunal civil de première instance de l'arrondissement de Wissembourg a rendu le jugement suivant :

Audience du 25 avril 1860 :

Entre Michel Zeiter, cultivateur, domicilié aux États-Unis de l'Amérique, demandeur, comparant par M⁰ Volpert, son avoué ;

Contre M. le préfet du Bas-Rhin, défendeur ;

Après avoir ouï, à l'audience du 20 courant, les conclusions de M. de Ring, substitut du procureur impérial, et après en avoir délibéré en la chambre du Conseil :

Attendu que les tribunaux sont compétents, d'après l'article 26 de la loi du 21 mars 1832, pour décider les questions relatives à l'état ou aux droits civils des jeunes gens appelés à faire partie du contingent de l'armée ; attendu que, d'après l'article 2 de la même loi, nul ne peut être admis dans les troupes françaises, s'il n'est Français ;

Que le demandeur prétendant qu'il a perdu sa qualité de Français par sa naturalisation en pays étranger, il n'y a pas à s'inquiéter si cette naturalisation en pays étranger a eu lieu sans l'autorisation du gouvernement français, contrairement aux prescriptions du décret du 26 août 1811, mais seulement si, au moment actuel, le demandeur est encore Français ;

Attendu que le demandeur rapporte un certificat constatant qu'il s'est présenté devant la Cour des plaids communs du comté d'Essex, État de New-Jersey, et a fait la demande d'être admis à devenir citoyen des États-Unis d'Amérique, mais qu'il n'est pas justifié que cette formalité suffise pour conférer cette qualité ; que le tribunal doit exiger un supplément de renseignements, tel, par exemple, qu'une attestation du consul des États-Unis en France de la reconnaissance du titre de citoyen des États-Unis d'Amérique ;

Par ces motifs, le tribunal surseoit à statuer sur la demande jusqu'à ce que le demandeur rapporte une attestation du consul des États-Unis, en France, constatant qu'il a rempli toutes les formalités nécessaires pour devenir citoyen des États-Unis, ou toute autre pièce justificative de sa nouvelle nationalité, et le condamne dès à présent aux dépens.

Jugé et prononcé à l'audience publique du tribunal civil de l'arrondissement de Wissembourg : présents MM. Bardy, président ; Lanth et Stoffel, juges ; et Richert, procureur impérial.

(Signé)   N. Bardy et
Vogt,
commis-greffier.

Après ce jugement préparatoire du 25 avril 1860, a été rendu le jugement définitif précité du 2 juin 1860 :

Extrait des minutes du greffe du tribunal civil de première instance de l'arrondissement de Wissembourg, Bas-Rhin.

Le tribunal civil de première instance de l'arrondissement de Wissembourg a rendu le jugement suivant :

Audience du 2 juin 1860 :

Entre Michel Zeiter, cultivateur, domicilié aux États-Unis d'Amérique, demandeur, comparant par Me Volpert, avoué ;

Contre M. le préfet du Bas-Rhin, défendeur, représenté par M. le Procureur impérial :

Après avoir ouï les conclusions respectives des parties, ainsi que celles du ministère public :

Attendu que, par la production du certificat qui lui a été délivré le 28 mai dernier, par le consul des États-Unis à Paris, et qui a été enregistré à Wissembourg aujourd'hui, le demandeur a justifié qu'il est citoyen américain ;

Le tribunal donne acte au demandeur de ce que, par la production dudit certificat, il a satisfait au jugement rendu en ce siège le 25 avril dernier ;

En conséquence dit et reconnaît que le demandeur, Michel Zeiter, par sa naturalisation en pays étranger, a perdu la qualité de Français, et le condamne aux dépens.

Jugé et prononcé à l'audience publique du tribunal civil de l'arrondissement de Wissembourg : présents, MM. Bardy, président ; Lanth et Stoffel, juges ; et de Ring, substitut du procureur impérial.

Signé : N. Bardy, et
Vogt,
commis-greffier.

Observation. — M. Treitt, who has procured the copy of this paper, states that the judgment attracted little attention at the time it was given, and that it must not be accepted as a definitive exposition of French Law, on a point wich, as he believes, is still open to controversy. (Page 87 du recueil anglais précité.) Comparez les pages 57 et 58, où se trouvent entièrement analysées et précisées les situations, en fait, de Michel Zeiter et de Lucien Alibert. Les documents judiciaires sus-mentionnés sont, du reste, suffisamment explicites par eux-mêmes.

« Comme on le voit, ce jugement constate uniquement que Zeiter a perdu la qualité de Français : la conséquence légale de cette constatation est qu'il ne peut pas servir dans les troupes françaises : mais le jugement n'avait pas à se préoccuper des pénalités et des incapacités civiles que Zeiter pouvait avoir encourues, comme nous le verrons plus loin ; cette décision est fondée en droit, comme plusieurs autres rendues par différents tribunaux dans des cas analogues, surtout depuis la guerre du Nord et du Sud, à cause de laquelle bien des Français, naturalisés Américains, sont revenus en France.

« La naturalisation d'un Français, à l'étranger, quelle que soit cette nouvelle patrie, entraîne pour lui la perte de la qualité de Français, et celle-ci entraîne ipso facto l'incapacité pour le service militaire. C'est là aussi le cas d'Alibert ; il aura justifié de sa qualité d'Américain, et aura été acquitté de la peine de l'insoumission, qui est de un mois à une année d'emprisonnement d'après l'article 38 de la loi du 21 mars 1832 concernant l'armée.

« Les deux cas ci-dessus ne sont rapportés dans aucun recueil de jurisprudence ; mais ils ne sont pas les seuls : il y en a une dizaine au bureau de la justice militaire au ministère de la guerre.

« L'autorité militaire en France voit, avec regret, la facilité qu'ont les jeunes gens de s'exonérer du service militaire par une naturalisation à l'étranger, acquise depuis plus de trois ans.

« *Voici comment le ministre de la guerre procède aujourd'hui en cette matière.*

« Quand un *insoumis* lui est signalé, il le traduit devant un conseil de guerre : car un insoumis est un soldat qui n'a pas rejoint son drapeau.

« Si l'insoumis excipe de sa naturalisation en pays étranger, le conseil de guerre surseoit à l'application de la peine et accorde au prévenu un délai pour faire constater, par les tribunaux civils, sa qualité d'étranger.

« S'il obtient un jugement déclarant qu'il a perdu sa qualité de Français, le conseil de guerre l'acquitte, mais seulement quand sa naturalisation est *antérieure à trois années ;* sinon, les juges lui appliquent la peine de l'insoumission : en effet, l'insoumission est un *délit successif*, c'est-à-dire, qu'il ne peut se prescrire (se pardonner) par aucun laps de temps, qu'il dure aussi longtemps que l'insoumission elle-même, et ne finit que quand l'insoumission *cesse.* Or, la jurisprudence des conseils de guerre est que l'insoumission *cesse* le jour de la naturalisation en pays étranger. Dès ce jour, la prescription court contre le délit d'insoumission ; alors ce délit, comme tous les autres délits, se prescrit par trois ans, et *l'insoumis dont la naturalisation remonte à plus de trois ans n'encourt plus aucune peine.* Si, au contraire, la naturalisation n'a pas trois années de date, l'ex-Français est traité comme un insoumis et puni, lors même qu'il serait citoyen d'un autre pays, quel qu'il soit.

« Ainsi, pour échapper à la peine de l'insoumission, l'ex-Français est obligé de passer au moins trois années loin de la France ; s'il revient avant ce délai, il risque que les conseils de guerre lui appliquent une peine de un mois à un an de prison : car il est encore en état d'insoumission.

« Il ne faut pas oublier de dire que quand, dans ce cas, l'insoumis a fait sa peine, il est libre, et sa qualité d'étranger empêche qu'il soit incorporé dans l'armée française.

« Telles sont les règles que suit le bureau de la justice militaire au ministère de la guerre.

« *Les choses se passent à peu près de même pour la garde nationale.* Là il existe des conseils de recensement.

« Ces conseils ont pour mission de statuer sur les motifs d'exemption des citoyens qui refusent le service.

« Or, il arrive souvent (et cela est à ma connaissance personnelle) que des Français appelés au service de la garde nationale ont opposé des lettres d'une naturalisation américaine ou autre ; en présence d'un pareil document, ces individus ont été déclarés exempts du service à cause de leur extranéité. Du reste, un avis du conseil d'État du 18 novembre 1842 (affaire Vignié), a consacré cette jurisprudence.

« De toutes les observations qui précèdent que faut-il conclure ? C'est que le Français peut, en se faisant naturaliser à l'étranger, se soustraire aux obligations que lui impose la mère patrie. Cette conséquence découle du droit commun et du droit exceptionnel. Comparez toutefois Cass., 19 août 1874 (D. P. 1875-1-151, avec la note).

« En effet, l'article 17 du Code civil dit en termes formels que la qualité de Français se perd par la naturalisation *acquise* en pays étranger. Il résulte des discussions de la législature de 1803, que le mot *acquise* s'appliquait à un acte d'expresse volonté, accompli selon les *formes légales* de la nouvelle patrie, et ayant pour but de renoncer, *proprio motu*, à la qualité de Français (Locré, *Esprit du Code civil*, vol. Ier, page 333).

« *Le Code civil permet donc aux Français d'acquérir une nationalité étrangère. C'est, en effet, un principe inhérent à la liberté humaine*, un principe de droit naturel, qu'un individu puisse quitter le sol sur lequel l'a jeté le hasard de sa naissance. Ce principe est admis par tous les publicistes, depuis Cicéron (1) jusqu'à nos jours. Les lois françaises en contiennent, maintes fois, l'énonciation. Cependant, en Prusse, la naturalisation à l'étranger est soumise, dit-on, à l'autorisation préalable du gouvernement (Code prussien, art. 2, 1. 17, § 127).

« Mais en France, d'après le Code civil, qui est le droit commun, le droit de se faire naturaliser à l'étranger est absolu.

« Le 26 août 1811, l'empereur Napoléon Ier promulgua un décret relatif à la naturalisation des Français à l'étranger.

« L'article 1er de ce décret est ainsi conçu :

« Aucun Français ne peut être naturalisé en pays étranger, sans notre autorisation.

(1) Cicéron, *Oratio pro Cornelia Balbo*, c. XIII ; Grotius, lib. II, et V, § 24 ; Puffendorff, lib. VIII, c. II, § 2 ; Merlin, *Répertoire général*, v° *Souveraineté*, § 4 ; Wolf, 76e partie, p. 187 ; Constitution française du 22 frimaire an VIII, dans son article 4 ; Toullier, *Code civil*, tome I, n° 266, etc.

« Les articles suivants mentionnent les droits civils dont les Français naturalisés en pays étranger, avec autorisation, continueront de jouir en France.

« Puis l'article 6 s'exprime ainsi :

« Art. 6. Tout Français naturalisé en pays étranger, sans notre autorisation, encourra la perte de ses biens, qui seront confisqués ; il n'aura plus le droit de succéder, et toutes les successions, qui viendront à lui échoir, passeront à celui qui est appelé à les recueillir après lui, pourvu qu'il soit régnicole.

« Enfin l'article 11 donne au gouvernement la faculté d'expulser de la France le Français naturalisé en pays étranger sans autorisation ; et, en cas de retour sur le territoire de l'Empire une seconde fois, il peut être condamné à une peine de une à dix années d'emprisonnement.

« Ce décret a été, dit-on, inspiré à Napoléon Iᵉʳ par le ressentiment qu'il éprouvait de voir chez les nations ennemies et dans les armées étrangères des Français rebelles à l'Empire. C'est ainsi qu'on explique la sévérité de ce décret, qui a été l'objet des plus vives attaques. D'abord on lui a reproché d'être inconstitutionnel, parce qu'il a été fait et promulgué sans le concours du Corps législatif, contrairement aux constitutions impériales ; aussi, depuis la chute du premier empire, plusieurs écrivains ont-ils soutenu que ce décret est tombé en désuétude. Il y a même des actes du gouvernement de la Restauration qui ont annulé des jugements rendus en vertu de ce décret (Arrêts du conseil d'État du 19 juin 1814, insérés au *Bulletin des lois*).

« Cependant, un plus grand nombre d'auteurs ont écrit que ce décret avait encore force de loi, par le motif qu'il n'avait jamais été attaqué et annulé comme inconstitutionnel par le Corps législatif. De plus, de nombreux arrêts ont jugé que les décrets impériaux promulgués et exécutés comme lois du temps de l'Empire sont restés en vigueur dans toutes leurs dispositions qui n'ont pas été abrogées par des lois postérieures. En effet, le décret de 1811 a été appliqué dans des cas de succession de Français qui s'étaient fait naturaliser à l'étranger sans autorisation (1).

« Mais ce décret n'en est pas moins une violation de la loi

____

(1) Voyez, entre autres, un arrêt de la Cour de Pau, du 19 mars 1834 : *Collection des arrêts* de Dalloz, année 1835, 2ᵉ partie, p. 38.

naturelle, en frappant de peines sévères la naturalisation à l'étranger, alors que tous les publicistes proclament le droit absolu qu'a tout homme de changer de patrie.

« Aujourd'hui ce décret est paralysé dans son application : en effet, la confiscation des biens a été abolie par la Charte de 1814. Puis est venue la loi de 1819 (14 juillet), qui place, *quant aux biens et aux successions*, tous les étrangers dans les *mêmes droits* que les Français, sans distinction entre les étrangers d'origine et les étrangers par naturalisation. Un arrêt solennel de la cour de Paris a jugé que ce décret n'est plus applicable au droit de succéder (1).

« Les annales de la jurisprudence ne fournissent, depuis plus de vingt ans, pas un seul cas où, soit le gouvernement, soit des parties intéressées dans des successions, aient provoqué l'application du décret du 26 août 1811. Je crois que, si le cas se présentait, les cours hésiteraient beaucoup avant d'appliquer les dispositions si rigoureuses de cette législation exceptionnelle.

« Mais que d'incertitudes en cette matière, si importante puis qu'elle touche au statut personnel !

« Remarquons cependant que le décret du 26 août 1811 (qu'il soit encore en vigueur ou qu'il soit tombé en désuétude), n'annule pas les naturalisations obtenues à l'étranger sans autorisation ; il les punit, mais il les laisse subsister. Le Français a donc une nouvelle patrie, à laquelle il a été obligé de prêter serment. *Personne ne peut avoir deux patries* (2). L'intérêt général des nations exige qu'on n'ait pas deux patries (3).

La patrie d'adoption efface la mère patrie ; dans mon opinion, l'ex-Français est dégagé de ses obligations envers cette dernière. Le gouvernement anglais, en délivrant des lettres de naturalisation aux étrangers, les avertit en même temps qu'il n'entend point les dégager de leurs obligations envers leur mère patrie.

« C'est là un acte de prudence. Mais la loi française est muette sur les droits qu'elle retient contre les individus qui se font naturaliser au dehors, sans autorisation. Elle les as-

---

(1) Arrêt du 1er février, 1836 : *Collection des arrêts* de Dalloz, année 1836, 2e partie, p. 71.
(2) « *Exposé des motifs du premier titre du Code civil,* » 1803
(3) « *Répertoire général de Merlin,* v° Loi, § 6. »

simile aux étrangers *quant aux droits civils*. La loi française
rompt ainsi, elle-même, tous les liens qui rattachent un ex-
Français à la mère patrie. En dehors de la confiscation des
biens et de la déchéance du droit de succéder en France —
pénalités de 1811, aujourd'hui inapplicables et inappliquées
— la loi n'impose à l'ex-Français que l'obligation de ne
jamais porter les armes contre la France, sous peine de
mort (1).

« Le Français, qui renonce à sa qualité, sait les droits dont
il sera privé en France. Les tribunaux peuvent lui refuser
leur justice dans ses débats avec des étrangers. S'il est plai-
gnant ou demandeur, il peut être soumis à la caution *judicatum solvi*. Il ne jouit plus d'aucun droit politique ou munici-
pal. Il est incapable de fonctions publiques et de l'exercice de
certaines professions ; enfin, pour abréger cette nomencla-
ture, il peut être expulsé du territoire français, comme tous
les autres étrangers, par simple mesure de police (2).

« Le Français a dû calculer les inconvénients et les avan-
tages de sa naturalisation à l'étranger. Il est exonéré des
charges imposées par la mère patrie.

« Cet état de choses est fâcheux ; ainsi, pour se faire naturaliser Suisse, il suffit d'un an de séjour dans le pays et du
paiement de quelques francs. C'est une grande facilité don-
née aux jeunes Français qui veulent échapper à la loi militaire.
Ce point mériterait d'attirer l'attention du législateur français ;
mais, en ce moment, il faut prendre la loi telle qu'elle est, et
dire que la naturalisation à l'étranger dégage le Français de
ses obligations envers la France. Les jugements des tribunaux ne font que constater l'extranéité ; les conséquences de
l'extranéité découlent des lois elles-mêmes ; l'une de ces conséquences est l'exonération du service militaire.

« Je crois avoir ainsi répondu, en tous points, à la question que Votre Excellence m'a posée ; je l'ai dégagée de toutes les questions accessoires que la perte de la qualité de
Français fait surgir, mais qui auraient obscurci la matière.
En résumé, je suis amené à conclure que la France n'im-

_____

(1) Article 75 du Code pénal; et article 11 du décret du 26 août 1811 ;
articles 21 et 22 du Code civil.
(2) Article 13, loi du 3 décembre 1849, sur les étrangers.

pose à l'ex-Français d'autre obligation que de ne pas porter les armes contre elle.

« Je me permets d'ajouter que cette conclusion choque mon sentiment intime ; je regrette de voir une simple naturalisation à l'étranger anéantir toutes les obligations que l'on doit à la mère patrie. Mais les questions de droit ne se résolvent pas avec le sentiment seulement ; c'est avec la loi telle qu'elle est et non telle qu'elle devrait être. »

4. Plus loin, aux pages 117 à 119 du même recueil anglais précité, le *Foreign office* pose à M. Treitt la question suivante : « Quelles sont les incapacités auxquelles les étrangers résidant en France sont sujets selon la loi de ce pays ? »

M. Treitt répond, le 28 juin 1868 :

Il y a une distinction à faire :

« 1° Entre les étrangers résidant simplement en France ; et 2° entre les étrangers admis, par autorisation du gouvernement, à établir leur domicile en France.

La loi considère comme étrangers ceux qui sont nés de parents étrangers soit à l'étranger, soit en France, et qui n'ont pas été naturalisés.

La condition des étrangers a varié selon les diverses législations qui ont régné sur la France ; mais, dans le présent document, la position des étrangers est brièvement exposée, telle que la font les lois, la doctrine et la jurisprudence actuellement en vigueur.

« § 1. *Des étrangers simplement résidant en France, et n'ayant ni demandé ni reçu l'autorisation d'établir leur domicile en France.*

LEURS CAPACITÉS. — Tous les étrangers, sans la moindre restriction, ont, en France, le droit de succéder, de disposer, de recevoir ; il n'y a aucune distinction entre les biens meubles et les biens immobiliers ; l'égalité entre les nationaux et les étrangers est *absolue*, que les étrangers soient en France ou hors de France. Cet état de choses existe depuis la loi du 14 juillet 1819, qui a abrogé les articles 726 et 912 du Code civil, et aboli tous les droits qui frappaient les étrangers, tels que droits d'aubaine, etc.

Cependant cette loi contient une seule restriction, qui est toute d'équité :

« Dans le cas de partage d'une même succession entre des
« cohéritiers étrangers et Français, ceux-ci prélèveront sur
« les biens situés en France une portion égale à la valeur des
« biens situés en pays étranger, dont ils seraient exclus, à
« quelque titre que ce soit, en vertu des lois et coutumes
« locales. »

Les étrangers, comme les Français, peuvent acquérir des
biens en France, les hypothéquer, les aliéner, et faire à leur
égard tous les contrats permis par la loi.

Ils ont le droit de prescription.

Le commerce et l'industrie sont absolument libres pour
les étrangers ; ils exercent le droit industriel à l'égal des ré-
gnicoles et peuvent obtenir toutes espèces de concessions,
même celle de mines.

La propriété industrielle, artistique et littéraire a été l'objet
de traités internationaux.

Dans les communes où les étrangers résident, ils participent à certaines jouissances communales, telles que la vaine
pâture, la distribution du bois des forêts appartenant aux
communes, etc.

En un mot, on peut dire que, en ce qui concerne le statut
réel et *le droit de propriété*, les étrangers sont dans une condition identique à celle des Français.

« Quant au *statut personnel*, ils jouissent de tous les droits de
famille comme père, fils et époux.

Ils ont le droit de chasse et de pêche et le droit de port
d'armes.

Ils ont la liberté du culte et la liberté individuelle et im-
priment leurs opinions comme les Français eux-mêmes.

Des auteurs accrédités soutiennent qu'il peuvent se créer
une famille légale par l'adoption d'enfants selon les lois de la
France, qu'ils peuvent être tuteurs et jouir de tous les droits
dont la loi a entouré la protection de la famille.

Leurs incapacités. — Mais les étrangers sont exclus de
toutes les fonctions politiques gouvernementales. Ils ne peuvent être témoins dans certains actes authentiques, puisque
la loi a dit : *Les témoins seront majeurs, Français, du sexe mas-
culin*, etc. Comp. art. 980.

Ils ne peuvent être arbitres dans les litiges, parce que l'arbitrage en ferait des juges temporaires.

« Il faut aux étrangers une autorisation spéciale pour exercer la pharmacie, la chirurgie ou la médecine.

Les emplois publics, comme prêtres dans les divers cultes, comme directeurs de postes et d'autres positions, qui exigent un serment au chef de l'État, sont interdits aux étrangers ; c'est pourquoi ils ne peuvent être ni avocats, ni notaires ni avoués, etc.

Ils ne font point partie de la garde nationale, ni de l'armée ni d'aucun jury.

Si les étrangers sont demandeurs en justice, le défendeur peut leur demander la *caution judicatum solvi*, à moins qu'il ne s'agisse de matières commerciales, où cette caution n'existe pas. Avant la récente abolition de la contrainte par corps, les étrangers pouvaient être arrêtés préventivement.

En cas de faillite, les étrangers jouissent des mêmes droits que les Français : seulement ils ne sont pas admis à la cession de leurs biens à leurs créanciers pour se libérer ainsi de toutes leurs dettes.

D'éminents juristes pensent que même l'état de guerre ne suspend point contre l'étranger son droit d'actionner le Français devant les tribunaux de France pour des obligations, *même contractées à l'étranger.*

En matière civile, le tribunal français peut refuser sa juridiction à deux étrangers ; mais, en matière commerciale, deux étrangers ont droit à la justice française dans tous les cas.

Enfin la loi du 3 décembre 1849 (art. 7) autorise le gouvernement à expulser du territoire de l'Empire les étrangers qui y voyagent ou y résident.

Ce droit du gouvernement est arbitraire et absolu.

« § 2. *Des étrangers domiciliés ou admis à l'exercice des droits civils par une autorisation gouvernementale.*

L'étranger, à moins d'obtenir des lettres de grande naturalisation accordées seulement à de grands services exceptionnels, ne peut être naturalisé en France qu'après un stage de dix (1) années qui courent du jour où le gouvernement lui a accordé le domicile (aujourd'hui trois ans seulement).

(1) Reduced to three years by the law of the 29th of June 1867 (Memorandum, p. 49), C. S. A.

«L'admission au domicile fait cesser, en faveur de l'étranger qui l'a obtenue, certaines incapacités qui frappent l'étranger simplement résidant. L'admission au domicile n'enlève pas la qualité d'étranger ; mais elle donne aux enfants nés en France de parents étrangers, le droit de réclamer à leur majorité la qualité de Français, sans autre formalité que de se soumettre aux charges des lois françaises, telles que le recrutement (art. 9 du Code Napoléon).

Les étrangers admis au domicile jouissent de tous les droits civils ; ce sont les termes formels de l'article 13 du Code Napoléon ; il en résulte que, même avant la loi du 14 juillet 1819 ci-dessus rapportée, l'étranger domicilié était capable de recevoir, de disposer, etc., comme le Français lui-même ; il peut procéder en justice sans être soumis à la caution *judicatum solvi*.

Il est admis au bénéfice de la cession de ses biens à ses créanciers pour se libérer de toutes ses dettes.

Avant l'abolition de la contrainte par corps, l'étranger domicilié n'y était sujet que dans les mêmes cas que le Français, et il pouvait lui-même exercer la contrainte par corps contre les étrangers.

Bref, sauf les droits politiques, l'étranger domicilié jouit des droits civils comme le régnicole ; cependant, comme il est toujours étranger, il ne peut être témoin dans certains actes authentiques, ni être arbitre, puisque l'arbitrage est une juridiction.

Le domicile acquis en France ne délie pas l'étranger des obligations que le statut personnel de son pays lui impose, ni de ses devoirs envers sa mère patrie.

Le droit de domicile peut être retiré à un étranger par le gouvernement, sur un avis du Conseil d'État.

Mais, malgré l'admission au domicile, le droit d'expulsion, écrit dans la loi du 3 décembre 1849, reste tout entier aux mains du gouvernement.

« D'autre part :

Certains pays ont fait avec la France des traités particuliers pour la jouissance des droits civils. Ainsi un traité avec la Sardaigne du 24 mars 1860 dispense les sujets sardes de la caution *judicatum solvi*.

« Il y a d'autres traités qui réservent à des pays étrangers le traitement de la nation la plus favorisée (1).

Mais de pareils traités sont presque superflus, en présence du petit nombre d'incapacités qui frappent les étrangers en France et qui appartiennent presque toutes à l'ordre politique ou aux fonctions qui entraînent la prestation d'un serment au souverain : car, de tout ce qui vient d'être dit on peut conclure que, par suite des progrès de la législation et de la jurisprudence, il n'y a plus guère de différence entre l'étranger *résidant* et l'étranger *domicilié*, si ce n'est que ce dernier n'est plus soumis à la caution *judicatum solvi*, et que ses enfants nés en France ont une plus grande facilité pour acquérir la qualité de Français.

En résumé, l'état et la capacité de l'étranger sont réglés par les lois de son pays; son statut personnel l'accompagne partout; mais en France cet étranger est capable, comme le régnicole, de tous les contrats réels ou personnels reconnus par la loi française; au point de vue du *droit privé*, la condition de l'étranger, soit *résidant*, soit *domicilié*, et la condition du Français ne diffèrent pas beaucoup aujourd'hui.

La jurisprudence tend incessamment à améliorer encore la condition des étrangers; on ne leur refuse plus que les droits qui leur sont expressément déniés par des lois non encore modifiées; et ils jouissent d'une manière absolue de tous les droits qui dérivent du droit des gens. »

5. Nous trouvons ensuite (page 110) une intéressante *notice sur les incapacités légales des étrangers* EN GRÈCE :

« 1° *En droit public :*

Aux termes de l'article 3 du Code civil grec, les lois d'ordre public (de police et de sûreté) obligent tous ceux qui se trouvent en Grèce, par suite, les Grecs aussi bien que les étrangers. L'hospitalité que l'étranger reçoit en entrant dans le pays, l'oblige à respecter les lois et les arrêtés de police.

Comme conséquence de ce principe, l'article 37 du Code pénal dispose que, dans tous les cas où les tribunaux de répression soumettaient les Grecs à la surveillance de la police, les étrangers seront expulsés du territoire par l'autorité administrative.

____

(1) Suisse, 12 juillet 1828; Bolivie, 9 décembre 1834; Porte, 25 mars 1838; Mexique, 9 mars 1839; Venezuela, 25 mars 1843; Nouvelle-Grenade, 28 octobre 1844; Allemagne, 10 mai 1871.

« Bien qu'en principe général le droit de répression ne puisse s'exercer qu'à raison d'actes commis sur le territoire hellénique, l'article 2 du Code d'instruction criminelle consacre une extension à cette règle à l'égard des étrangers, qui peuvent être poursuivis, jugés et punis en Grèce : 1° pour crimes et délits commis à l'étranger contre un Grec ; 2° pour crimes de haute trahison contre l'État, pour fabrication de fausse monnaie nationale, ayant cours en Grèce, pour contrefaçon du sceau de l'État, ou complicité à ces actes. Mais leur punition présuppose leur extradition ou leur arrestation dans le pays.

Les étrangers ne sont livrés à un gouvernement étranger pour crimes et délits commis à l'étranger, que s'il y a une loi spéciale ou un traité à cet égard.

2° Quant aux droits politiques :

« Comme on ne saurait avoir deux patries, on ne peut être citoyen de deux États ; par conséquent l'étranger ne peut exercer, en Grèce, les droits qui présupposent la qualité de citoyen. Il ne peut donc être membre de la Chambre des députés (art. 70 de la Constitution), des conseils provinciaux (art. 5 de la loi des 18-30 décembre 1836 sur les conseils provinciaux), ou municipaux (art. 13 de la loi du 27 décembre 1833 sur les communes), ni se présenter aux assemblées électorales en qualité d'électeur (art. 4 de la loi du 19 novembre 1864 sur l'élection des députés), ni d'éligible (art. 70 de la Constitution et même art. 4 de la loi ci-dessus).

Ils ne peuvent être nommés aux fonctions publiques (art. 3 de la Constitution), ni exercer la profession d'avocat, que la loi hellénique y assimile (art. 142 de la loi sur l'organisation des tribunaux et du notariat), ni celle de juré.

Aux termes de l'article 112 du Code de procédure civile, l'étranger ne peut être nommé arbitre.

Quand il s'agit de constater un fait, on ne saurait choisir ses témoins ; ils sont donnés par les circonstances de temps et de lieu, et tout témoin présent est nécessaire et capable à moins qu'il ne soit sujet à quelque incapacité naturelle. Les étrangers sont donc admis à déposer, comme témoins, devant la justice. Il en est de même des témoins des actes de l'état civil. Ici aussi, il s'agit de constater un fait : la naissance, le mariage ou le décès d'un individu. Toute personne qui a assisté à ces faits est admise à les constater.

« Mais l'étranger ne saurait servir de témoin instrumentaire dans un acte authentique, contrat ou testament public. Ici, en effet, il s'agit moins de rechercher des preuves que d'en créer (art. 179 de la loi sur l'organisation des tribunaux et du notariat). Les témoins participent ici à la confiance de l'acte, et cette participation est un motif d'exclusion contre l'étranger qui ne peut remplir de fonctions publiques.

3° *En droit privé :*

« Nous considérerons l'étranger, dans cette partie de notre travail, sous deux points de vue : 1° sous celui du statut personnel ; 2° sous celui du statut réel.

§ 1. — *Statut personnel.*

« La loi personnelle s'empare de l'homme à sa naissance, pour ne l'abandonner qu'à sa mort. Elle lui donne un état qui le suit en quelque lieu qu'il se trouve.

Ce principe est expressément consacré par l'article 4 du Code civil de la Grèce, aux termes duquel le mariage, les rapports entre ascendants et descendants, la tutelle et la curatelle sont réglés quant aux Hellènes, même résidant à l'étranger, par les lois helléniques, et, quant à l'étranger, par les lois de son pays.

D'après la première partie de cet article, la capacité de l'étranger pour l'acquisition de droits ou pour l'exercice d'actes légaux en général, est jugée conformément à la loi de son pays ; et en cela la loi hellénique a confirmé le principe généralement admis par les législations des autres États de l'Europe, que l'état et la capacité des personnes sont régis par les lois de leur patrie. Mais le dernier §, 2ᵉ alinéa, du même article consacre une exception au principe admis en faveur des étrangers. Dans l'intérêt des citoyens hellènes, les étrangers qui, d'après les lois helléniques, auraient la capacité nécessaire pour contracter une obligation, sont reconnus avoir la capacité nécessaire à la validité des contrats passés entre eux et les Hellènes en Grèce, bien que la loi de leur pays leur refuse cette capacité.

§ 2. — *Statut réel.*

« Les immeubles font partie du territoire de l'État, et sont, par conséquent, régis par la loi hellénique. Les étrangers peuvent en devenir propriétaires, même sans résider en Grèce ; mais ils ne peuvent les acquérir ou en disposer que conformément aux lois helléniques. C'est la disposition formelle de l'article 5 du Code civil. « La possession, la propriété et les « droits réels sur des meubles ou des immeubles, situés en « Grèce, sont réglés par les lois helléniques. La succession « testamentaire ou *ab intestat* est régie par les lois du « pays du défunt, à moins qu'il ne s'agisse d'immeubles si- « tués en Grèce, lesquels sont, à cet égard, régis par la loi « hellénique. »

Ainsi l'étranger est soumis à la loi hellénique pour tout ce qui concerne la distinction des biens en meubles et immeubles, la saisie immobilière, les hypothèques, la prescription acquisitive des immeubles ou celle extinctive des actions immobilières.

La succession *ab intestat* d'un étranger qui se compose d'immeubles situés en Grèce, sera également réglée, pour ce qui concerne ces immeubles, par la loi hellénique, d'après l'article 5 du Code civil.

Du reste, aux termes de l'article précité, les effets de la possession, de la propriété, des priviléges et des voies d'exécution sont régis par la loi hellénique, même quant aux meubles.

Enfin un étranger ne peut être propriétaire d'un navire hellénique pour plus de la moitié (art. 4 de la loi des 15-27 novembre 1836, sur la navigation commerciale).

Droits privés de l'étranger.

« Aux termes de l'article 15 du Code civil, l'étranger qui voudra se faire naturaliser, doit déclarer sa volonté à la municipalité du lieu où il veut établir son domicile, et habiter en Grèce pendant deux ans, s'il est Grec d'origine, et pendant trois ans, s'il appartient à toute autre nationalité. Passé ce délai et après qu'il aura été constaté que l'étranger ne s'est point rendu coupable de crimes ou de l'un des délits prévus par l'article 22 du Code pénal, il prêtera, par-devant le nomarque, le serment de sujet hellène.

« L'étranger qui aura rendu des services importants à l'État, qui aura introduit dans le pays des inventions ou une industrie utiles, ou qui se distinguerait par des talents extraordinaires peut, dès qu'il aura fixé son domicile en Grèce, être naturalisé par une loi.

Pendant tout le temps qu'il sera nécessaire à l'étranger de résider en Grèce pour la naturalisation, il pourra être admis par le roi à la jouissance des droits civils, et dans ce cas il sera régi, pour tous ses rapports légaux, par les lois helléniques (art. 16 du Code civil).

Les étrangers peuvent contracter mariage avec des Grecs, soit en pays étranger, soit en Grèce, en se conformant, quant à la capacité, aux lois de leurs pays, et quant aux formalités, soit à celles consacrées par la loi hellénique, soit à celles usitées dans le pays où le mariage est contracté (art. 4 et 7 du Code civil).

Les mariages mixtes avec des personnes appartenant à une autre communion religieuse sont reconnus valables par la loi des 15-27 octobre 1861 sur les mariages mixtes.

L'étranger ne peut être appelé à la tutelle de mineurs hellènes, ni faire partie d'un conseil de famille les concernant (art. 30 et 49, § 6 de la loi sur la minorité, la tutelle, etc.); mais il peut être tuteur de ses parents mineurs étrangers comme lui. Peu importe que la loi hellénique considère l'office de la tutelle comme une espèce de charge publique, réservée aux Hellènes seuls. Ce n'est pas la loi hellénique qui défère la tutelle du mineur et qui la régit, comme elle régit tous les autres droits personnels et de famille.

Un étranger peut consolider par l'usucapion une acquisition d'immeubles. C'est un mode d'acquérir qui est permis à tout possesseur de bonne foi.

L'étranger peut stipuler à son profit hypothèque sur des immeubles d'un Grec et en consentir une sur les siens au profit de ses créanciers.

« Tout jugement émané d'un tribunal hellénique au profit d'un étranger lui confère le droit d'hypothèque judiciaire sur les biens de son débiteur situés en Grèce. Mais le jugement émanant d'un tribunal étranger ne confère ce droit qu'après avoir été déclaré exécutoire par le tribunal hellénique compétent.

« Le mariage, contracté entre une étrangère et un Grec, donne à la femme un titre d'hypothèque légale pour garantie de sa dot, qu'elle peut inscrire sur les immeubles de son mari.

La femme grecque qui épouse un étranger a le même droit sur les immeubles de cet étranger situés en Grèce. Quant à ceux situés à l'étranger, les droits de la femme sont réglés par la loi du pays de son mari.

Un étranger ne peut être nommé capitaine ou officier d'un navire hellénique.

Les trois quarts de l'équipage d'un navire hellénique doivent être pris parmi les Grecs (art. 5 de la loi des 15-27 novembre 1836, sur la navigation commerciale).

Les matelots enrôlés en vertu de l'inscription maritime doivent être des sujets grecs (Loi d'inscription maritime, du 24 octobre 1856).

Aux termes de l'article 220 du Code de procédure civile et de l'article 2 de la loi sur le timbre, de 1867, les droits d'indigence sont accordés au plaideur qui, en vertu du certificat du démarque de son domicile, constate un état d'indigence. Les étrangers ne sont point admis à jouir de ce droit, qui est considéré avoir été introduit, par la loi hellénique, en faveur des Grecs seulement (Circulaire du ministère de la justice du 8 juin 1837).

Tout étranger peut être poursuivi devant tout tribunal hellénique sans distinction, pour des obligations contractées en Grèce ou à l'étranger envers un Hellène (art. 28 du Code de procédure civile). Et *vice versa*, l'Hellène peut être poursuivi, devant les tribunaux helléniques, pour les obligations contractées par lui en pays étranger envers un Hellène ou un étranger.

S'il n'y a point de stipulation contraire dans les traités, l'étranger demandeur qui intente une action contre un Hellène doit, aux termes des articles 78 et 79 du Code de procédure civile, fournir, s'il en est requis, caution pour les frais du procès et les dommages-intérêts. Cette obligation n'existe point dans les affaires de commerce, ou lorsque l'étranger possède en Grèce des immeubles suffisants, ou que le défendeur reconnaît une partie de la demande suffisante pour assurer le paiement des frais et des dommages-intérêts.

« Tandis que le régnicole n'est soumis à la contrainte par corps que pour les dettes commerciales, et pour les dettes civiles, exceptionnellement en certaines circonstances de suspicion légitime, cette mesure peut être prise contre l'étranger débiteur, soit comme mesure conservatoire, soit pour l'exécution d'un jugement, même pour dettes civiles en général. Bien entendu, elle doit être invoquée par la partie et prononcée expressément par le juge (Code de procédure civile, art. 999, § 1 et 1000).

La contrainte par corps n'est point prononcée dans les affaires civiles contre l'étranger qui possède en Grèce des immeubles suffisants pour assurer le paiement, ou qui donne caution.

La contrainte par corps, dont le but est de forcer le débiteur au paiement, peut être évitée par le régnicole honnête, mais malheureux, qui, faisant preuve de bonne volonté, et ne pouvant faire plus, abandonne tout son actif à ses créanciers, en recourant aux bénéfices de compétence ou de la cession de biens. Cette mesure est refusée à l'étranger, parce qu'il n'est pas possible d'en contrôler la fidélité. C'est la disposition formelle des articles 688 du Code de procédure civile et 575 du Code de commerce en vigueur en Grèce. » (Signé : G. A. RHALLY, avocat.)

6. Le gouvernement anglais désire plus tard (Voir le Recueil, pag. 143 et suiv.) être renseigné sur la question de savoir *quelle est la condition des enfants nés sur le sol hellénique de parents étrangers.*

M. D. G. Rhally répond d'Athènes le 19/31 août 1868 : « En règle générale, la circonstance qu'un enfant est né sur le sol hellénique ne confère pas la qualité d'Hellène ; l'origine seule la donne. Pour résoudre donc la question, si un enfant est ou non Hellène, une seule chose est à considérer : de qui est-il né ? L'est-il d'un Hellène, il est lui-même Hellène, en quelque pays qu'il soit né. Ses parents sont-ils étrangers, il est étranger comme eux, alors même qu'il est né en Grèce (art. 14, n° 1, du Code civil).

« Il faut cependant remarquer que la circonstance qu'un

enfant est né sur le sol hellénique produit un double effet en sa faveur.

1° Elle lui permet d'acquérir plus facilement qu'un étranger ordinaire la qualité d'Hellène ; il n'a, en effet, qu'à remplir trois conditions :

(*a*). Déclarer, lorsqu'il réside en Grèce, que son intention est d'y fixer son domicile, et l'y établir dans l'année à compter de l'acte de sa soumission ;

(*b*). Faire cette déclaration ou cette soumission dans l'année de sa majorité, etc. ;

(*c*). Prêter le serment de sujet hellène devant le nomarque compétent (art. 19 et 17 du Code civil).

2° Elle fait présumer, lorsque ses père et mère sont inconnus, qu'il est né de parents hellènes, et par conséquent qu'il est lui-même Hellène (art. 14, n° 3 du Code civil).

« Le principe que l'origine de l'enfant détermine sa nationalité, indépendamment du lieu de sa naissance, ne présente aucune difficulté, lorsque ses père et mère sont, l'un et l'autre, étrangers ; l'enfant est Hellène dans le premier cas, étranger dans le second. Mais que décider, si l'un est Hellène et l'autre étranger ? L'enfant suivra-t-il la condition de son père ou celle de sa mère ?

« Si l'enfant est né en légitime mariage, cette question se présentera rarement : car, la femme suivant la condition de son mari (art. 24 et 25 du Code civil), les époux seront, dans la plupart des cas, l'un et l'autre Hellènes ou l'un et l'autre étrangers. Cependant le principe proclamé par ces articles, devant être entendu en ce sens restreint que la femme prend la condition qu'a son mari au moment de son mariage, l'hypothèse contraire peut se présenter. Alors l'enfant suivra-t-il la condition de son père ou celle de sa mère ? Le père étant le chef de la famille, l'article 14, n° 11, décide que l'enfant suivra la nationalité du père.

« Quant à l'enfant né d'une mère étrangère et d'un père naturel Hellène, s'il est légalement reconnu par son père seul ou par son père et par sa mère, il suit la condition de son père (art. 14, n° 5, du Code civil). Par *à contrario*, il faut décider que s'il a été reconnu seulement par sa mère, il est, comme elle, étranger.

« Celui qui est né d'une mère hellène et d'un père naturel

étranger, est réputé sujet hellène, s'il n'a pas été reconnu par
ce dernier (art. 14, n° 2, du Code civil) ; que, s'il en a été
reconnu, pour obtenir la nationalité hellénique, il doit remplir les formalités sus-mentionnées de l'article 17 du Code civil (art. 19 du même Code).

« Reste à examiner la question de savoir si l'enfant prend
la condition qu'avait son père ou sa mère au moment de sa
conception ou de sa naissance. La question présente de l'intérêt : car la personne, dont l'enfant doit suivre la condition,
a pu, dans l'intervalle de la conception à la naissance, d'Hellène qu'elle était, cesser de l'être par une naturalisation acquise en pays étranger, ou réciproquement, d'étrangère
qu'elle était, devenir Hellène par une naturalisation acquise
en Grèce.

« L'article 11 du Code civil proclamant la maxime romaine,
« Infans conceptus pro nato habetur, quoties de ejus commodis
« agitur, » et comme aux yeux de la loi hellénique il vaut mieux
pour l'enfant qu'il naisse Hellène qu'étranger, nous dirons
qu'il suffit, pour qu'un enfant naisse Hellène, que la personne,
dont il doit suivre la condition, ait été Hellène, soit au moment
de la conception, soit au moment de sa naissance, soit même
dans l'intervalle de ces deux époques.

« Les enfants, qui naîtraient pendant les deux ou les trois
ans exigés pour la naturalisation de l'étranger (selon qu'il
est ou non d'origine hellénique), deviennent Hellènes par la
naturalisation de leur père (art. 18 du Code civil). Quant aux
enfants qui lui seraient survenus avant la déclaration exigée
pour la naturalisation, ils restent étrangers ainsi que sa femme ;
mais, si à l'époque de sa naturalisation ils étaient mineurs,
ils peuvent acquérir la nationalité hellénique, en manifestant
leur volonté à cet égard, dans l'année qui suivra l'époque de
leur majorité, devant l'autorité communale du lieu où ils
veulent fixer leur domicile, en s'établissant en Grèce et en
prêtant le serment de sujet hellène devant le nomarque compétent (art. 17 du Code civil).

« L'article 20 du même Code décide que l'enfant, né de parents qui avaient perdu la qualité d'Hellène, pourra toujours
acquérir cette qualité, en remplissant les formalités prescrites
par l'article 17. Le Code civil de la Grèce n'attribuant la qualité d'Hellène qu'à l'origine, il n'y a pas à distinguer si l'enfant

d'un ci-devant Hellène est né à l'étranger ou en Grèce ; dès que ceux dont il suit la condition sont étrangers, il naît nécessairement étranger comme eux, quel que soit le lieu de sa naissance. Cependant il faut remarquer que l'enfant né d'un ci-devant Hellène est traité plus favorablement que l'enfant né en Grèce d'un étranger ordinaire ; l'un peut *toujours*, c'est-à-dire à tout âge, pourvu qu'il soit majeur, réclamer la qualité d'Hellène ; l'autre ne le peut, au contraire, que dans un délai assez court, dans l'année qui suit sa majorité.

« Cette différence s'explique sans peine ; l'enfant, né d'un ci-devant Hellène, étant Hellène selon la nature, la loi ne doute pas de son attachement pour la Grèce ; à quelque époque qu'il se présente, elle l'accepte avec empressement, convaincue qu'elle est que le sentiment qui le fait agir ne peut être que son amour pour sa patrie naturelle. Il n'en est pas de même de l'enfant né en Grèce d'un étranger ; celui-là n'a rien d'hellénique. Il se peut qu'il affectionne la Grèce, puisqu'il y est né ; mais, s'il est trop lent à manifester le désir d'avoir le titre d'Hellène, la loi, avertie par son indifférence, présume, lorsqu'il se présente plus tard, qu'il ne vient que dans son intérêt personnel ; aussi le traite-t-elle à l'égal d'un étranger ordinaire. »

7. M. le baron de Dalwigk répond à la même question posée par le gouvernement anglais, relativement au grand duché de Hesse-Darmstadt : « En réponse à la communication que vous avez bien voulu m'adresser en date du 19 du mois passé, j'ai l'honneur de porter à votre connaissance que, d'après l'article 13 de la Constitution du grand-duché, l'indigénat est acquis :

1. Par la naissance, pour ceux dont les père ou mère sont à ce moment sujets hessois ;
2. Par le mariage, pour une femme étrangère qui se marie avec un sujet hessois ;
3. Par la nomination à un emploi public ;
4. Par réception particulière.

« En conséquence, les enfants nés, dans le territoire grand-ducal, d'autres nationaux que ceux du grand-duché sont reconnus étrangers, tant qu'ils n'ont pas acquis l'indigénat hessois en vertu d'une des dispositions sus-mentionnées. » (Signé : BARON DE DALWIGK. Darmstadt, le 7 septembre 1860.)

8. M. Treitt répond par une citation pure et simple des textes du Code civil combinés avec les lois particulières modificatives de ces textes. Voyez, dans les codes Rivière, les art. 9, 10, 17 et 18 du Code civil, avec les lois plus récentes qui les ont amendés.

9. Le président de la Confédération suisse, M. Dubs, et le chancelier, M. Schiess, sont plus explicites. Ils s'expriment de la manière suivante, au nom du Conseil fédéral, dans leur réponse, datée de Berne, le 31 août 1868 : « Dans la note, disent-ils, que M. le ministre de Sa Majesté britannique a adressée le 19 courant au Conseil fédéral, Son Excellence a manifesté le désir de recevoir divers renseignements sur l'état de la législation suisse *relative à la nationalité d'enfants de parents étrangers qui naissent sur le territoire de la Suisse,* renseignements résumés sous la forme des questions suivantes :

- 1° *Qu'est-ce qui est nécessaire pour que quelqu'un soit considéré comme citoyen suisse* d'après les lois des différents cantons ?

« Pour devenir citoyen suisse, il est nécessaire que quelqu'un acquière le droit de bourgeoisie d'un canton et d'une commune. Il n'existe pas de droit de bourgeoisie suisse particulier. Le droit de bourgeoisie communal existe en première ligne et s'acquiert par descendance, donation, ou paiement d'une somme d'achat déterminée, dont le chiffre varie suivant l'état des biens communaux et chaque fois suivant le point de vue de la législation cantonale.

« Après l'acquisition d'un droit de bourgeoisie communal, la naturalisation a lieu, dans le canton respectif, soit par le gouvernement ou par l'autorité législative, naturalisation pour laquelle il faut de nouveau payer une somme d'achat particulière. Sans la naturalisation, l'incorporation dans une commune n'a aucun effet. En ce qui concerne la naturalisation d'étrangers, le droit fédéral ne contient que la seule prescription de l'article 43 de la Constitution fédérale, à teneur de laquelle les étrangers ne peuvent être naturalisés dans un canton qu'autant qu'ils seront affranchis de tout lien envers l'État auquel ils appartiennent. Le détail des législations cantonales ressort d'un recueil de dispositions y relatives de chaque canton, publié en 1862 par la chancellerie fédérale, dont ci-joint un exemplaire. Si, depuis lors, des changements ont peut-être été apportés à ces dispositions, ils concernent, en tout cas, plutôt la forme que le fond.

« 2° *De quelle manière le droit de bourgeoisie*, si en général il peut se perdre, *se perd-il ?*

Le droit de bourgeoisie suisse ne cesse que par la mort, ou par la renonciation volontaire de celui qui le possède à son droit de cité cantonal et communal et par la démission ou le congé que lui donne l'autorité cantonale compétente. Mais cet affranchissement des liens qui l'unissent envers l'État n'est accordé que lorsque la preuve existe, en bonne et due forme, de l'acquisition d'un droit de bourgeoisie ou de cité à l'étranger. Les enfants légitimes d'un Suisse absent acquièrent toujours le droit de bourgeoisie de leur père et les enfants illégitimes celui de leur mère, attendu que pour cela aucune formalité, autre que la preuve de la descendance, n'est nécessaire. La nationalité suisse ne se perd pas par une longue absence, etc., comme en général, suivant la prescription du même article 43 de la Constitution fédérale, aucun canton ne peut priver un de ses ressortissants du droit d'origine ou de cité.

« 3° *Les enfants qui naissent, dans un canton, de parents étrangers, sont-ils,* d'après la législation, *considérés comme citoyens suisses,* et cela :

a. De facto, par le seul fait de la naissance de ces enfants sur territoire suisse ?

Dans le cas de la négative :

b. Combien de temps les parents doivent-ils avoir habité la Suisse avant la naissance de l'enfant, ou quelles autres circonstances (abstraction faite de la naissance de cet enfant sur le territoire suisse), sont nécessaires pour qualifier les enfants comme citoyens suisses ?

c. Doit-on s'attendre de la part des enfants qu'ils *opteront* pour le droit de bourgeoisie suisse par un *acte formel,* lors de leur majorité ?

Qu'est-ce qui motive la supposition d'une option présomptive de leur part du droit de bourgeoisie ?

En répondant à cette question et à ses trois subdivisions, le conseil fédéral a l'honneur de faire observer que les principes qui viennent d'être développés ne souffrent aucune espèce d'exceptions ; ce n'est notamment non plus le cas en faveur d'étrangers qui sont nés en Suisse, quand même eux et leurs parents auraient été très-longtemps domiciliés en Suisse. Sous ce rapport la Suisse maintient purement et simplement le même principe que celui qu'elle reconnaît pour les descendants de ces propres ressortissants : les enfants légitimes suivent la condition de leur père et les enfants illégitimes la condition de leur mère. »

CHAPITRE DEUXIÈME

Effets de la naturalisation, au point de vue de l'application des règles du mariage putatif : et situation juridique, à ce propos, de la jeune princesse Nadèje Bibesco.

10. La connaissance des documents ci-dessus rapportés présente d'autant plus d'intérêt à l'heure actuelle, que la Cour de cassation est présentement saisie de l'appréciation des décisions rendues par la Cour d'appel de Paris et par le tribunal civil de la Seine, dans le procès Bauffremont, à propos de la naturalisation obtenue et du second mariage contracté par madame la princesse de Bauffremont, aujourd'hui princesse Bibesco. L'on sait que l'arrêt de la Cour, en date du 17 juillet 1876, a émendé le jugement dont était appel, en un point fort important, en ce qu'il avait déclaré nul, l'acte de naturalisation du 3 mai 1875, lequel, dit la Cour, devait être seulement déclaré *inopposable* au prince de Bauffremont. En vertu de cet arrêt, la naturalisation obtenue par madame la princesse Bibesco est évidemment devenue un acte *indiscutable*, même en France, par tout autre que M. le prince de Bauffremont (1).

Par suite, les réserves faites en première instance, à fin de

(1) Quant à l'étranger, la naturalisation et le mariage de Mme la comtesse de Caraman-Chimay avec M. le prince Bibesco, constituent des faits entièrement juridiques et à l'abri de toute attaque. Le ministre des affaires étrangères de l'empire d'Allemagne, M. de Bulow, a proclamé officiellement la validité de ladite naturalisation pour tout l'empire allemand. Voyez cette déclaration en date du 13 août 1876, rapportée à la page 105 de notre Étude sur la naturalisation en pays étranger des femmes séparées de corps en France (2ᵉ édition, revue et augmentée).

poursuites criminelles et correctionnelles, nous paraissent virtuellement et nécessairement détruites : car M. le prince de Bauffremont est déclaré *le seul* recevable à se plaindre.

De semblables poursuites, d'ailleurs, auraient été, à toute époque, peu justifiées : en effet, ainsi que le faisait remarquer M° Jardin devant la Cour d'appel de Paris (1), « madame la princesse Bibesco n'aurait pu être poursuivie que comme *Française*, après son retour en France (C. inst. crim.; art. 5 et 6 ; loi du 27 juin 1866), pour crime de bigamie commis à l'étranger. Mais elle est étrangère ; les actes qu'elle a accompli sont conformes à la loi étrangère ; donc les dispositions du Code d'instruction criminelle lui sont absolument inapplicables. Ce serait un singulier spectacle que de voir un fait accompli en vertu d'une loi étrangère, et avec la sanction de l'autorité publique étrangère, *qualifié crime* et puni comme tel par la justice française ! » Le parquet de la Cour semble, du reste, l'avoir ainsi compris : car, devant la Cour, M. l'avocat général Ducreux n'a pas reproduit les réserves faites en première instance.

11. Il y a, d'autre part, dans la situation de madame la princesse Bibesco, un point de vue fort important, que la justice n'a point encore abordé, mais dont le tribunal civil de la Seine va être saisi, d'après les informations qui nous sont transmises. Nous voulons parler de l'application des principes du mariage putatif : « Le mariage qui a été déclaré nul, dit l'article 201 du Code civil, produit néanmoins les effets civils, tant à l'égard des époux qu'à l'égard des enfants, lorsqu'il a été contracté de bonne foi. » L'article 202 ajoute : « Si la bonne foi n'existe que de la part de l'un des deux époux, le mariage ne produit les effets civils qu'en faveur de cet époux et des enfants issus du mariage. »

Eh bien ! aujourd'hui, il y a en jeu l'intérêt d'un enfant. Le 16 août 1876, M. le prince et madame la princesse Georges Bibesco faisaient part de la naissance de leur fille Nadèje, par lettres datées de Loschwitz, près Dresde (Saxe).

Dans la première quinzaine de novembre 1876, paraît-il, M. le prince de Bauffremont a cru devoir, par application

______

(1) Voyez la *Gazette des Tribunaux* des 12 et 14 juillet 1876 : la plaidoirie de M° Jardin a, du reste, été ensuite réunie en une brochure imprimée chez Plon, 8, rue Garancière, à Paris.

de l'article 313 du Code civil, et de la loi du 6 décembre 1850,
former une action en désaveu.

12. Nous ne voulons pas examiner ici, et nous laissons
intentionnellement dans l'ombre les trois points suivants :
1° est-il opportun de répondre à cette action, ou vaut-il mieux
faire défaut? 2° Cette action ne sera-t-elle pas non recevable en
la forme, comme intentée en dehors des délais rigoureux de
déchéance édictés par l'article 316 du Code civil? 3° Le tuteur
ad hoc qui doit nécessairement assister l'enfant, aux termes
de l'article 318, n'est-il pas tout naturellement désigné dans
la personne de M. le prince Bibesco? Si l'affirmative doit être
admise, nous aurons le spectacle étrange d'un procès en
désaveu entre le père, légitime à l'étranger, de mademoiselle
Nadèje, et son père *légalement présumé* en France, par suite
de l'application des derniers arrêts et du jeu des principes
juridiques. Si la négative est préférée, nous ne voyons pas
quel tuteur *ad hoc*, meilleur et plus intéressé que M. le prince
Bibesco à défendre la cause de l'enfant, pourrait être choisi.
En tout cas M. le prince Georges Bibesco aurait certes le
droit d'intervenir immédiatement au procès pour défendre
sa propre fille; car il est impossible de supprimer les faits
accomplis.

Mais toutes ces difficultés sont de pure forme et de procédure : elles seront mûrement examinées à Paris par les
habiles conseils de madame la princesse Bibesco : nous nous
bornerons ici à soumettre une simple observation quant au
fond de l'affaire.

13. Si jamais il a pu y avoir lieu à proclamer l'application
des principes du mariage putatif, c'est assurément, au premier chef, dans l'espèce actuelle : en telle sorte que, le mariage de madame la comtesse de Caraman-Chimay, juridiquement valable partout dans le monde, est au moins putatif en
France, bien qu'il ait été annulé, dans l'étendue du territoire
français, par l'arrêt de la Cour d'appel de Paris du 17 juillet
1876. La question du mariage putatif n'a point du reste été
soumise à la Cour. Les faits de la cause sont aussi clairs que
possible. Le 3 mai 1875, par une naturalisation indiscutable
comme acte de droit public (la cour le reconnaît), madame
la comtesse de Caraman-Chimay était devenue Allemande.
Le 24 octobre 1875, Son Altesse Georges Bibesco, prince

roumain, l'épousait à Berlin, sur la foi des autorités allemandes, qui lui affirmaient la possibilité de ce mariage, et qui procédaient à sa célébration officielle.

Comment les parties contractantes n'auraient-elles pas, sous l'empire d'une entière bonne foi, considéré cette union comme régulière et légale?

N'oublions pas que madame la comtesse de Caraman-Chimay a été successivement, Belge par la naissance, Française par son premier mariage, Allemande par sa naturalisation : de plus, elle est devenue, et elle est encore aujourd'hui Roumaine par son second mariage.

Est-ce que sérieusement M. le prince et madame la princesse Bibesco pouvaient être tenus de connaître tout à la fois ces quatre législations? Est-ce qu'il ne leur suffisait pas de voir leur union agréée par les autorités auxquelles la princesse se rattachait par sa naturalisation? « Comment! dit fort judicieusement Me Jardin dans sa plaidoirie devant la Cour d'appel de Paris, p. 66, nous sommes en pleine mêlée de jurisconsultes européens; les opinions se croisent, les arguments se heurtent, les brochures succèdent aux brochures; la question soulève les dissidences et les controverses les plus vives et les plus graves; et vous voulez que le prince Bibesco ait deviné, du premier coup d'œil, de quel côté étaient le droit et la loi? Donc, sa bonne foi est incontestable; et s'il n'avait pas cru cette union régulière, son âme loyale et chevaleresque ne l'aurait jamais acceptée. En France, dans notre armée, le nom du prince Bibesco est synonyme de courage et d'honneur! Voilà donc les tribunaux français obligés de reconnaître le mariage du prince Bibesco, tout au moins comme mariage putatif (art. 201, 202 du Code civil). »

14. En vain, l'on voudrait objecter la similitude des législations roumaine et française. — Il y aurait au moins cette différence que la législation roumaine admet le divorce, répudié, on le sait, en France, depuis la loi du 8 mai 1816. Cela nous suffit pour constituer la bonne foi exigée par les articles 201 et 202.

15. Dira-t-on que l'erreur de M. le prince et de madame la princesse Bibesco (si erreur il y a) est une erreur de droit, qui ne peut pas être prise en considération, parce que *nemo jus ignorare censetur* (nul n'est censé ignorer la loi)?

Il serait alors facile de répondre, avec la jurisprudence unanime aujourd'hui, et avec tous les auteurs, que l'erreur de droit peut, tout aussi bien que l'erreur de fait, engendrer la bonne foi favorisée par les articles 201 et 202 du Code civil. Voyez MM. Aubry et Rau, t. V, p. 49, § 460, texte et note 7 ; — M. Demolombe, t. III, n° 357 ; — M. Laurent, t. II, n° 504 ; — M. Rolin-Jaequemyns, *la Princesse Georges Bibesco devant la justice belge*, p. 46 et 47 ; — Mᵉ Jardin, *Plaidoirie*, p. 64 à 68 ; — M. Demangeat, *Notes sur Fœlix*, t. I, p. 29. Ces différents auteurs rapportent de nombreux documents de jurisprudence : or, la plupart des décisions judiciaires visées (cela est facile à contrôler), ont été rendues en présence d'erreurs souvent fort grossières et en présence de situations, en tout cas, bien moins favorables que celle de madame la comtesse de Caraman-Chimay : car la princesse Bibesco a été couverte, au moment de la célébration de son union civile, par toute une série d'actes authentiques, comme par l'affirmation des autorités étrangères qui ont procédé à la célébration (1). En dernière analyse, la bonne foi, au point de vue de la loi, consiste ici uniquement, sous l'appréciation discrétionnaire des tribunaux, dans l'ignorance, au moment de la célébration de l'union civile, des vices dont, *en fait ou en droit*, le mariage pouvait se trouver entaché.

16. Cependant, nous objectera-t-on peut-être, jusques à quelles conséquences voulez-vous pousser votre principe ? Est-ce que M. le prince de Bauffremont ne continuerait pas à rester lié, au point de vue du mariage ? Est-ce que son premier mariage peut être considéré comme dissous en France, en telle sorte qu'il lui soit loisible de convoler à une nouvelle union ?

Nous ne voulons pas nous prononcer actuellement d'une manière définitive sur cette question juridique si grave, et *nous entendons simplement ici soumettre nos doutes* à l'examen des jurisconsultes.

Pourquoi donc, dans l'état des faits de la cause, M. le prince de Bauffremont ne pourrait-il pas se remarier, même en France ?

(1) Comparez sur tous ces points notre consultation dans cette grave affaire et particulièrement les actes authentiques rapportés aux pages 5 et suivantes de notre *Étude sur la naturalisation des femmes séparées de corps.*

Examinons la question (comparez la plaidoirie de Mᵉ Jardin, p. 67 à 69).

17. Nous disons que l'on peut soutenir, non sans quelque apparence de raison, l'aptitude *juridique* de M. le prince de Bauffremont à contracter en France, actuellement, une nouvelle union, en admettant que des convictions religieuses ou des raisons de conscience ne l'arrêtent pas : « La loi humaine, disait l'éminent jurisconsulte Royer-Collard, dans son fameux *Discours sur la loi du sacrilége*, la loi humaine, reléguée aux choses de la terre, ne participe point aux croyances religieuses ; dans sa capacité temporelle, elle ne les connaît ni ne les comprend ; au delà des intérêts de cette vie, elle est frappée d'ignorance et d'impuissance. Comme la religion n'est pas de ce monde, la loi humaine n'est pas du monde invisible. » C'est pourtant sous le règne de cette loi, trop souvent, hélas! imparfaite et fautive, que naissent, vivent et meurent les sociétés. C'est cette loi seule qui nous doit occuper ici et dont il faut examiner les termes.

Que nous dit-elle? — Elle nous dit que l'époux, « dont le mariage est légalement dissous, peut valablement contracter une nouvelle union. » Beaucoup de gens traduisent ainsi : « Nul ne peut se remarier, tant que vit son premier conjoint; » — ce qui n'est pas du tout la même chose et ce que la loi s'est bien gardé de dire. L'article 147 du Code civil et l'article 340 du Code pénal parlent tout simplement de la Dissolution du premier lien. Comp. art. 227 et 228.

Or, il fut un temps où le mariage pouvait être dissous du vivant même des deux conjoints : au moment d'abord où le divorce existait en France, c'est-à-dire jusqu'en 1816 (8 mai 1816); au temps ensuite où la *mort civile* existait, *jusqu'au* 3 juin 1854. Ainsi, il y a vingt-cinq ans, on pouvait voir, dans la société française, sans que l'ordre public en fût choqué, ce spectacle, qui paraît monstrueux aujourd'hui, d'un conjoint remarié du vivant même de son conjoint. Il est vrai que le premier conjoint était retranché de la société; mais c'était une pure fiction légale (art. 25 Cod. civ.).

18. Ce droit absolu, pour le conjoint du mort civilement, de se remarier, ne faisait doute pour personne : « L'affirmative, dit M. Demolombe (*Cours de Code civil*, t. I, n° 206), m'a toujours paru incontestable : 1° le mariage était dissous

quant à tous ses effets civils ; or l'un des effets civils, les plus
essentiels, de la dissolution du mariage, c'est précisément le
droit, pour l'autre conjoint, de se remarier; cela résulte de
l'article 147, et surtout, en ce qui concerne la mort civile, du
rapprochement des articles 227 et 228 ; — 2° ces mots : *Quant
à tous ses effets civils*, se rapportaient uniquement à la séparation qui venait de s'opérer entre le *mariage civil* et le *mariage
religieux*, autrefois confondus ; 3° aussi l'article 25 ouvrait-il
au profit de l'autre époux tous les droits qu'aurait ouverts la
mort naturelle; 4° comment caractériser d'ailleurs, dans le
système contraire, l'*état de l'autre conjoint, qui n'aurait été
ainsi ni marié ni libre?* Quel eût été l'état des enfants issus de
ce prétendu mariage tout à la fois dissous et existant?
La loi du 8 mai 1816, abolitive du divorce, n'avait pas pu
modifier cette solution. Le divorce et la mort civile étaient
deux causes distinctes et indépendantes de dissolution du
mariage. Le divorce seul était aboli, la mort civile subsistait
encore. »

19. Ces lignes écrites par l'illustre doyen de la Faculté de
droit de Caen, dans sa deuxième édition, en 1860, se retrou-
vent également dans la première édition de son ouvrage,
en 1845, alors que la mort civile était en pleine vigueur.
Donc, dans le cas de mort civile, comme dans le cas de divorce, l'existence naturelle de l'un des conjoints n'était pas
un obstacle au convol de l'autre.

20. Voici la raison de cette décision : c'est que, au point
de vue juridique, l'unique question était de savoir, non si
les deux conjoints existaient simultanément, mais *si leur mariage avait été légalement dissous.*

21. Aujourd'hui, sans doute, la mort civile a été abolie par
la loi du 31 mai 1854. Mais les explications qui précèdent
démontrent toujours que ce n'est pas l'existence physique de
madame la princesse Bibesco qui peut être le véritable obstacle au convol de M. le prince de Bauffremont. Le seul obstacle peut résider dans l'existence persévérante du premier mariage. Si donc, par une circonstance quelconque, ce premier
mariage s'est trouvé réellement dissous, M. le prince de
Bauffremont reprend son entière liberté.

Or dans notre *Étude sur la naturalisation, en pays étrangr,
des femmes séparées de corps en France*, nous avons essayé

*

d'établir que, par l'effet des lois étrangères, auxquelles la princesse s'est soumise en vertu de son acte de naturalisation, le premier mariage a été dissous et la princesse autorisée à en contracter un autre avec M. le prince Bibesco ; donc l'obstacle unique qui se dressait devant M. le prince de Bauffremont et l'empêchait de se remarier a disparu : à moins qu'on ne prétende que la dissolution régulière d'un mariage, prononcée à l'étranger, ne peut avoir aucun effet en France, parce que la loi française ne reconnaîtrait aujourd'hui (art. 227), que la mort naturelle comme cause de dissolution du mariage.

22. Mais cette question a été jadis examinée, débattue dans un cas spécial, celui où un étranger, divorcé selon la loi de son pays, voudrait contracter mariage en France (1) ; au nom de la morale publique, on lui refusait cette faculté. Voici la réponse de M. Demolombe : « On invoque la morale publique. Il ne s'agit pas d'exprimer ici une opinion sur le divorce..... C'est, après tout, un mode comme un autre de dissolution civile du mariage, et je ne vois pas de motifs suffisants pour que nous ne lui reconnaissions pas cet effet dans la personne des étrangers. Eh ! que dirait-on si le mariage de l'étranger avait été dissous dans son pays, en vertu d'une autre cause que nos lois n'admettraient pas non plus ; pour cause d'impuissance naturelle, par exemple ? Si vous reconnaissez ce mode de dissolution, pourquoi nier le divorce ? Et si vous ne le reconnaissez pas, comment n'être pas effrayé de toutes les conséquences qui vont s'ensuivre ? Il faudra donc alors juger, d'après nos lois françaises, toutes les questions d'état relatives aux étrangers, et les considérer comme bigames, bâtards, adultérins, incestueux, s'il arrive qu'un mariage, valable d'après la loi étrangère, ne le soit pas d'après la nôtre ?..... Ce serait violer toutes les règles du droit international et jeter, dans tous nos rapports avec les étrangers, la plus inextricable confusion. — Ajoutez qu'on avoue que si un Français, divorcé en France, avant la loi de 1816 abolitive du divorce, demandait aujourd'hui à se remarier, on ne pourrait pas l'en empêcher. Eh bien ! n'est-ce pas reconnaître le

____

(1) Comparez, sur ce point, notre *Étude sur la naturalisation, en pays étranger, des femmes séparées de corps en France et sur l'incompétence des tribunaux en cette matière*, p. 16 à 18, n° 10.

principe même que nous défendons, à savoir : que le mariage est valablement dissous, lorsque la dissolution a été prononcée en vertu de la loi par laquelle il était régi? » (*Cours de Code civil*, t. I, n° 104, avec les autorités qui y sont rapportées.)

23. Il est donc constant que la dissolution d'un mariage, régulièrement prononcée à l'étranger, est valable en France, sous peine, comme dit M. Demolombe, de violer toutes les règles du droit international. Il est vrai que les habiles représentants de M. le prince de Bauffremont ont paru peu se soucier de ces sortes de règles : ils ont prétendu s'enfermer dans le Code civil, sans jamais vouloir sortir de ses formules étroites. La Cour de cassation pensera peut-être autrement un jour !

24. En tout cas, la conséquence nécessaire de la doctrine que je viens d'exposer, c'est que le premier mariage de madame la comtesse de Caraman-Chimay, devenue étrangère par une naturalisation régulière, ayant été régulièrement aussi dissous par une loi étrangère, cette dissolution s'impose à tous, même en France : dès lors madame la comtesse de Caraman-Chimay ne peut plus être partout désormais que la princesse Bibesco.

25. Mais, objectera-t-on peut-être, voilà alors M. le prince de Bauffremont devenu *veuf malgré lui*. Il est certain, répondrons-nous, qu'il a été *séparé de corps malgré lui !* — Veuf ou séparé, la situation pour lui est la même, par suite des circonstances particulières de la cause. Seulement, on pourrait encore faire remarquer que, dans les espèces dont la doctrine et la jurisprudence ont eu à s'occuper, le mariage dissous avait été contracté entre deux étrangers ; la dissolution s'en était opérée conformément à leur statut personnel : or, dirait-on, le mariage de M. le prince de Bauffremont était, au contraire, régi par la loi française, et cette loi ne reconnaît d'autre mode de dissolution du mariage que la mort naturelle de l'un des deux époux.

Cela est vrai ; mais il ne faut pas oublier que, *par le fait de sa naturalisation*, la comtesse de Caraman-Chimay est devenue étrangère : elle s'est trouvée soumise à une loi qui assimile, même entre étrangers, la séparation de corps au divorce. Vis-à-vis d'elle, étrangère, le second mariage avec M. le prince Bibesco a pu être légalement et régulièrement considéré comme dissous : comparez M. de Holtzendorff, dans la *Revue de droit international et de législation comparée*, année 1876, t. VIII, p. 205 à 214. Or, il est impossible que la dissolution prononcée vis-à-vis de la princesse ne réfléchisse pas sur M. le prince de Bauffremont ; car le mariage est *un état indivisible* : on est marié, ou on ne l'est pas ; on ne peut pas être l'un et l'autre à la fois, pas plus qu'on ne peut être marié dans un pays et libre dans un autre (marié à un kilomètre de la frontière et libre au delà) !

C'est précisément en vertu de *cette indivisibilité du mariage*, que l'on pourrait juridiquement admettre le convol de M. le prince de Bauffremont.

Dira-t-on que la loi étrangère, dont excipe aujourd'hui madame la princesse Bibesco, n'a point pu cependant rétroagir à l'encontre d'un mariage contracté sous l'empire de la loi française ? La réponse serait alors facile : en effet, en cas de séparation de corps, il n'y a pas de *droit acquis* pour l'un des conjoints à ce que l'autre ne se remarie pas, lui vivant. La loi étrangère a régi, non pas précisément le mariage, mais cet état équivoque, indécis, qu'on nomme la séparation de corps et qui est, si l'on veut, le mariage moins sa condition essentielle et constitutive, *la communauté d'existence*. Comparez notre *Étude précitée sur la naturalisation des femmes séparées de corps*, n° 41, p. 82, et M. Rolin-Jacquemyns, page 42.

26. Nous reconnaissons, du reste, volontiers les difficultés sérieuses que peut soulever, en droit et en fait, l'application, à la situation personnelle de M. le prince de Bauffremont, des principes développés ci-dessus. Notre seule pensée a été de mettre en lumière la controverse : d'autres plus habiles trouveront, sans doute, de nouveaux éléments de solution.

Mais il y a un point sur lequel notre conviction est aussi nettement assise et aussi ferme que possible : nous voulons parler de l'application des règles du mariage putatif (art. 201 et 202 du Code civil) ; notre doctrine peut, en dernière analyse, se formuler de la manière suivante : même en admettant comme point de départ la doctrine, trop rigoureuse à notre avis, contenue dans l'arrêt de la Cour d'appel de Paris, rendu à la date du 17 juillet 1876, le second mariage de madame la comtesse de Caraman-Chimay avec M. le prince Bibesco est tout au moins un mariage putatif, dans le sens des articles 201 et 202 du Code civil ; par suite, il doit nécessairement produire, même en France, tous ses effets civils, tant à l'égard des nouveaux conjoints qu'à l'égard surtout de la jeune princesse récemment née et des enfants qui pourront naître à l'avenir. L'action en désaveu (art. 313 et loi du 6 décembre 1850), si elle est intentée par M. le prince de Bauffremont, doit nécessairement aboutir à la proclamation judiciaire de cette vérité incontestable en présence des règles les plus certaines du droit, comme en présence des faits de la cause ; ou bien les juges se condamnent à ne jamais pouvoir appliquer désormais les principes du mariage putatif.

27. N'oublions pas d'ailleurs que les inductions à tirer des décisions déjà rendues dans la cause sont, à l'heure actuelle, d'une médiocre importance, à cause du vice de forme dont toute la procédure est entachée.

A ce moment, en effet, où toute une succession de pouvoirs va se produire devant la Cour suprême, dans l'affaire de Bauffremont, une réflexion se présente naturellement à l'esprit. En lisant avec attention les pièces de la procédure suivie, soit sur la question du séquestre, soit sur la question des dommages et intérêts, soit sur la question de validité de la naturalisation du second mariage, l'on ne rencontre nulle part la trace d'une autorisation maritale quelconque. Or, aux termes des articles 215 et 218 du Code civil, la femme mariée ne peut pas « *ester en jugement* » sans l'autorisation de son mari, ou de la justice à défaut du mari.

Sans doute, devant le tribunal civil de la Seine, en première instance, madame la comtesse de Caraman-Chimay pouvait être considérée comme *implicitement* autorisée — tout au moins par son premier mari, M. le prince de Bauffremont, — à raison de ce seul fait que celui-ci se portait demandeur contre elle et l'assignait soit en remise des enfants, soit en nullité de la naturalisation et du second mariage contracté avec M. le prince Bibesco. C'est là du moins une thèse qui pourrait être soutenue, non sans quelque apparence de raison, dans l'état actuel de la doctrine et de la jurisprudence.

Mais, en appel, devant la Cour de Paris, la situation était entièrement changée. Madame la comtesse de Caraman-Chimay était demanderesse. Elle devait donc, en sa qualité d'appelante, être munie de l'autorisation soit de M. le prince de

Bauffremont, son premier mari, soit de M. le prince Bibesco, son second mari, soit au moins (à défaut de l'un et de l'autre) de l'autorisation de la justice. Sinon, son appel était absolument non-recevable en la forme, et elle ne pouvait pas être admise à conclure au fond. Or, il n'a été justifié, à un moment quelconque de la procédure, d'aucune autorisation maritale ou de justice.

Par conséquent, si l'éminent avocat de M. le prince de Bauffremont avait eu le moindre désir d'arrêter la discussion, en enlevant à son honorable adversaire la parole devant la Cour, il nous semble que cela lui était bien facile.

Il lui suffisait, en soulevant une exception préjudicielle, de faire déclarer l'appel de la princesse non recevable pour défaut d'autorisation maritale ou de justice. M. le prince de Bauffremont eût ainsi évité la plaidoirie, parfois ardente, de Me Jardin.

Mais nous comprenons à merveille que Me Bétolaud se soit montré plus généreux et ait suivi d'autres errements; car il eût été regrettable qu'une cause si grave et si digne d'intérêt pût être de la sorte entravée, dans son développement solennel devant la Cour d'appel de Paris, par un misérable incident de procédure.

C'est ainsi, sans aucun doute, que la situation a été également appréciée par le ministère public, lorsque son tour de parole est arrivé. Le savant organe du ministère public pouvait, du haut de son siége, dans l'intérêt de l'ordre public et aux termes de l'article 46 de la loi du 20 avril 1810, soulever d'office l'exception tirée du défaut d'autorisation maritale ou de justice.

Il ne l'a point fait, laissant, volontairement sans doute, au débat toute son ampleur, et à la discussion ses véritables proportions.

Mais il n'en est pas moins certain que la loi a été violée. Telle sera, sans aucun doute, l'appréciation de la Cour de cassation, gardienne vigilante des formes judiciaires : le succès des différents *pourvois* formés dans l'intérêt de madame la princesse Bibesco nous paraît, dès à présent, assuré.